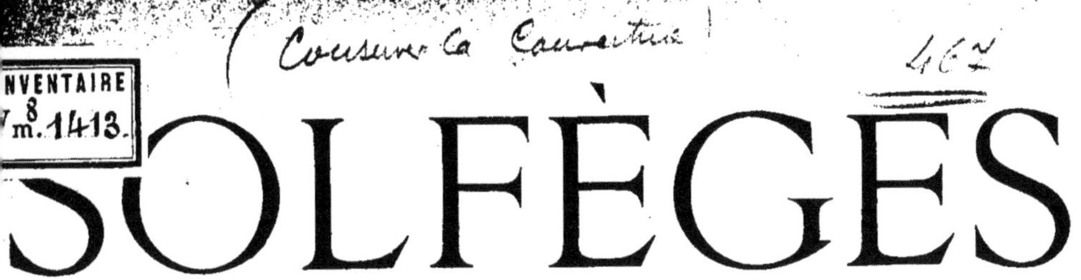

SOLFÈGES

POSTHUMES

A

CHANGEMENTS DE CLEF

(1885-1896)

A. THOMAS

Directeur du Conservatoire national de Musique à Paris

AMBROISE THOMAS

LEÇONS DE SOLFÈGE

A

CHANGEMENTS DE CLEF

Enseignement du Conservatoire de Musique de Paris

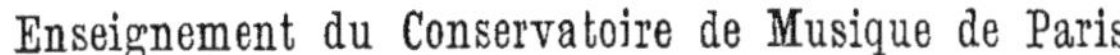

LEÇONS DE SOLFÈGE

A

CHANGEMENTS DE CLEF

COMPOSÉES POUR LES

EXAMENS & CONCOURS

DU

CONSERVATOIRE DE MUSIQUE

(1872-1896)

PAR

AMBROISE THOMAS

DIRECTEUR DU CONSERVATOIRE

Pour faire suite aux *Leçons de Solfège à changements de clef* de D. F. E. AUBER et à celles des *Solfèges du Conservatoire* de CHERUBINI.

1°

Édition autographiée d'après la copie en usage dans les classes du Conservatoire

En deux Livres grand format :

1er LIVRE : *Leçons pour les classes des Chanteurs* (1872-1885). . . . Prix net : 10 fr. »

2e — *Leçons pour les classes des Instrumentistes* (1872-1885) . — 12 fr. »

2°

Édition gravée des deux livres réunis en un seul volume. . . . . Prix net : 7 fr. »

Édition populaire des deux mêmes livres, sans accompagnement de piano. Prix net : 2 fr. 50

3°

Solfèges Posthumes, *Leçons pour les Examens et les Concours* (1885-1896) :

Édition gravée, avec accompagnement de piano . . . . Prix net : 7 fr. »

Édition populaire, sans accompagnement de piano. . . . . Prix net : 2 fr. 50

PARIS

AU MÉNESTREL, 2bis, RUE VIVIENNE, HEUGEL & Cie

Éditeurs-propriétaires des Solfèges et Méthodes du Conservatoire

IMPRIMERIE CHAIX, RUE BERGÈRE, 20, PARIS. — 8004-4-97. — (Encre Lorilleux).

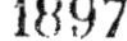

1897

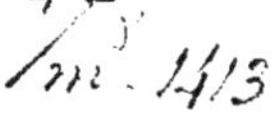

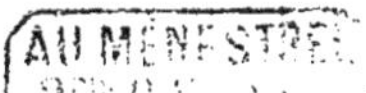

TABLE THÉMATIQUE

LEÇONS POUR LES CHANTEURS.

Paris, AU MÉNESTREL, 2bis, rue Vivienne HEUGEL & Cie, Éditeurs.

LEÇONS POUR LES INSTRUMENTISTES.

LEÇONS DE SOLFÈGE

A CHANGEMENTS DE CLEF

composées pour les

EXAMENS ET CONCOURS

du

CONSERVATOIRE DE MUSIQUE

par

AMBROISE THOMAS

LEÇONS POUR LES CHANTEURS — *LEÇONS D'EXAMENS*

N° 1.

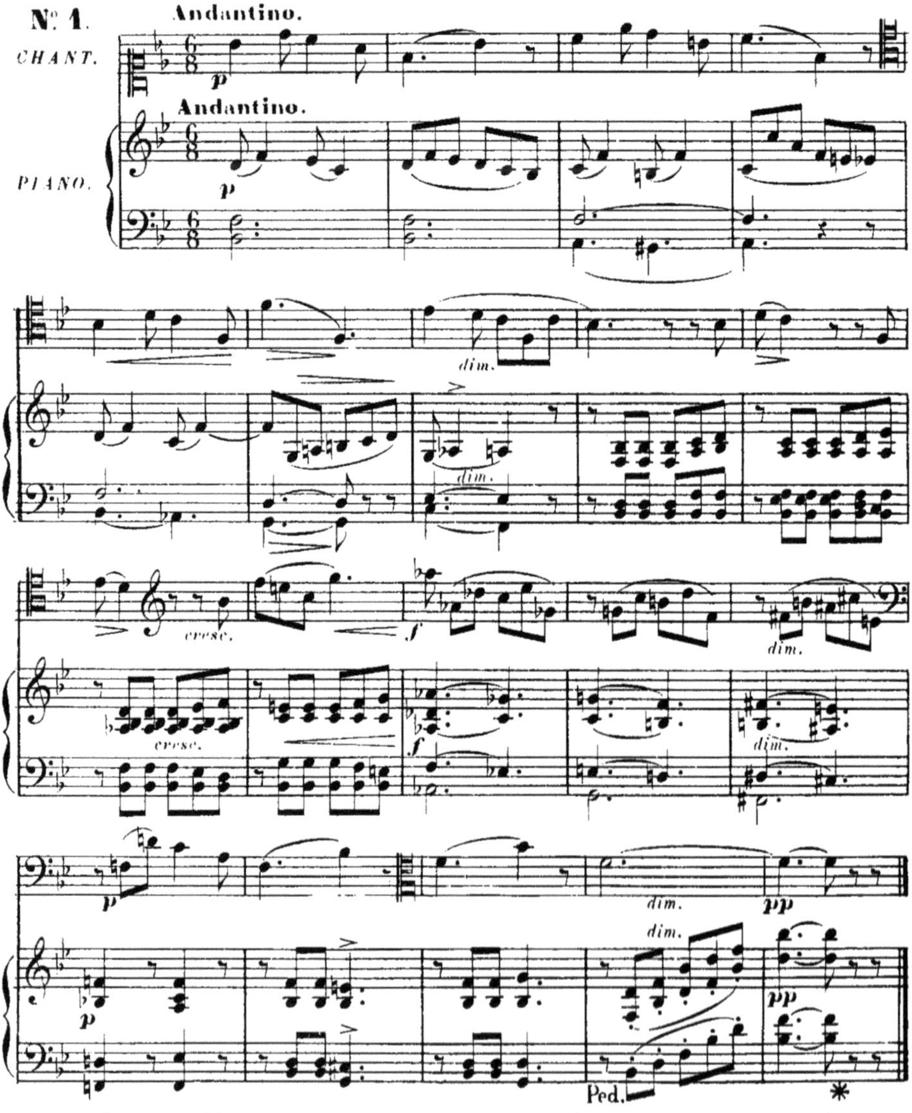
Andantino.
CHANT.
Andantino.
PIANO.
p
dim.
cresc.
f
pp
Ped.

Andantino.
Andantino.
N° 2.
p
p
p
cresc.
sf
p
sf
p
sf
p
cresc.
sf
sf
p
p
p
cresc.
cresc.
f
f

poco rit.
a Tempo.
poco rit.
a Tempo.
dim.
dim.
Andantino.
Andantino.
Nº 3.
cresc.
cresc.

cresc.
f
f
dim.
p
dim.
p
cresc.
cresc.
f
dim.
p
f
pp
pp
riten.
pp
riten.

All° moderato.
All° moderato.
N° 4.
p
p
sf
dim.
p
dim.
f
f
cresc.
cresc.
f
f

dim.
p
p
a Tempo.
rit.
sf
rit.
a Tempo.
p
sf
cresc.
f
f
rit.
dim.
a Tempo.
p
rit.
a Tempo.
pp

Andantino.
Andantino.
Nº 5.
mf
p
p
cresc.
cresc.
p
dim.
p
pp

cresc.
f
cresc.
dim.
f
p
smorzando.
p
smorzando.
pp
cresc.
sf
cresc.
sf
p
dim.
pp
p
dim.
pp

Moderato.
Moderato.
Nº 6.
p
p
sf
p
cresc.
dim.
dim.
f
p
p

Moderato.
Moderato.
Nº 7.
sf
p
dim.
pp
cresc.
dim.
cresc.

dim.
p
dim.
p
dim.
dim.
pp
Andantino.
p
Andantino.
N° 8.
p
p

f
p
mf
dim.
p
sf
p
cresc.
p
p
dim.
pp

N° 9.

And.no con moto.
And.no con moto.
p
p
sf
cresc.
dim.
p
cresc.
dim.
p
cresc.

dim.
p
p
cresc.
cresc.
f
dim.
f
p
p
p
pp

Nº 10.

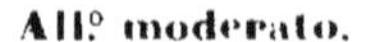

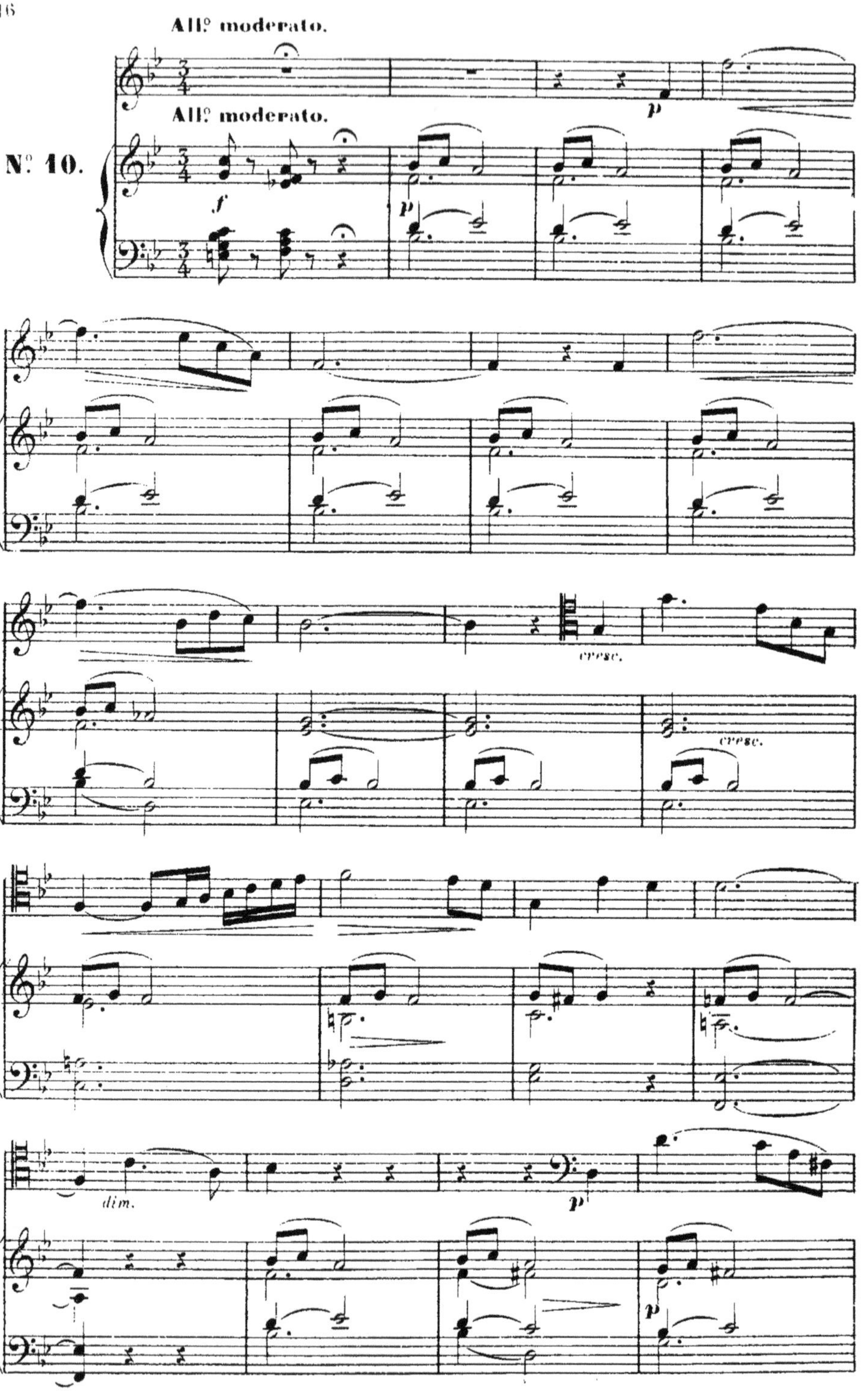

Allº moderato.
Allº moderato.
f
p
p
cresc.
cresc.
dim.
p
p

cresc.
cresc.
dim.
p
p
p
Ped.
dim.
pp

Andantino.
p
Andantino.
Nº 11.
p
pp
cresc
cresc
pp
p
pp
dim.
pp
f
f
p

dim.
dim.
p
pp
dim.
pp
And^no con moto.
And^no con moto.
No. 12.
f
p
p

f
dim.
p
sf
p
cresc.
sf
sf
dim.
pp
sf
sf
p
pp
p
pp
Andante.
Andante.
No. 13.
p
p

cresc.
cresc.
p
p
p
p
dim.
pp

Andantino.
Andantino.
N° 14.
p
p
p
p
poco cresc.
poco cresc.
f
f
dim.
dim.
Ped.
*

sf
p
dim
p
p
dim.
dim.
p
p
pp
pp
Ped.

All° con moto.
p
All° con moto.
N° 15.
p

cresc.
cresc.
f
f
dim.
dim.
p
p
p
smorzando
smorzando

All° mod^to
All° mod^to
N° 16.

cresc
cresc
dim.
p
p
p
f
p
dim.
dim.
pp
Ped.

All^tto sostenuto.
All^tto sostenuto.
N° 17.
f
p
f
p

Moderato.
Moderato.
Nº. 18.
p
p
cresc.
dim.
cresc.
dim.
p

dim.
p
dim.
p
All° mod^to
p
All° mod^to
N° 19.
f
p
p
sf
f

sf
p
sf
cresc.
cresc.
dim.
dim.
f
p
f
f
dim.
p

And.^{no} con moto.
And.^{no} con moto.
Nº 20.
f
p
p
p
p
cresc.
cresc.
p
p

sf
p
dim
p
cresc.
cresc.
dim.
p
p
pp

And^{tino} con moto.
And^{tino} con moto.
Nº 21.
p
p

cresc.
cresc.
dim.
p
p
sf

cresc.
cresc.
p
p
sf
sf
sf
pp

f
f
p
pressez un peu.
cresc.
ff
p
cresc.
p
poco rit.
pp
sf
pp
poco ri-te-nu-to.

Andantino.
Andantino.
Nº 22.
p
p
p
p

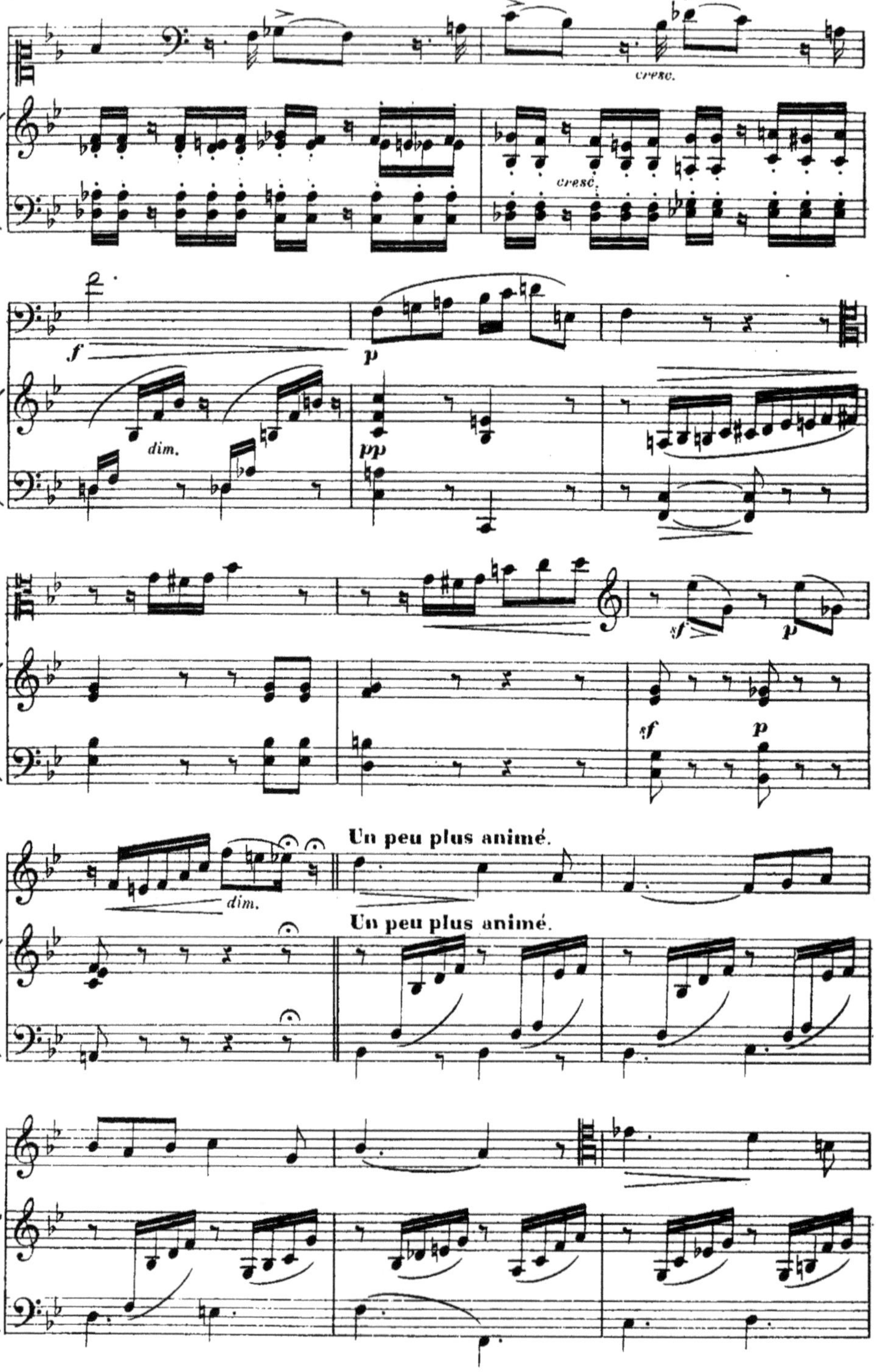
cresc.
cresc.
f
p
dim.
pp
sf
p
sf
p
dim.
Un peu plus animé.
Un peu plus animé.

cresc.
cresc.
sempre cresc.
f
f
dim.
riten.
p
Tempo 1°
Tempo 1°
dim.
suivez.
p
riten.
dim.
p
rit.
dim.
pp

Andantino.
Andantino.
Nº 23.
p
p
cresc.
cresc.
rit.
dim.
p

p
cresc.
f
sf
dim.
dim.
p

p
p
p
dim.
p
dim.
pp
pp
smorzando.

Andantino.
Andantino.
Nº 24.
p
p
dim.
p
sf
p
p
cresc.
cresc.

p
p
cresc.
cresc.
f
f
f
f
dim.
p
p

f
sf
dim.
p
p
poco cresc.
p
p
pp
dim.
pp

Andantino.
Andantino.
Nº 25.
p
p
cresc.
cresc.
f
p
f
p
sf
p
p
cresc.
cresc.

p
f
p
dim.
p
p
pp
pp
dim.

Andno. con moto.
Andno. con moto.
No. 26.
f
p
p
dim.
dim.
p
cresc.
sf
dim.

Allegretto.
Allegretto.
p
p
p
p
cresc.
cresc.
dim.
p
p

dim.
dim.
rit.
rit.
suivez.
a Tempo.
a Tempo.
cresc.
cresc.
dim.
dim.

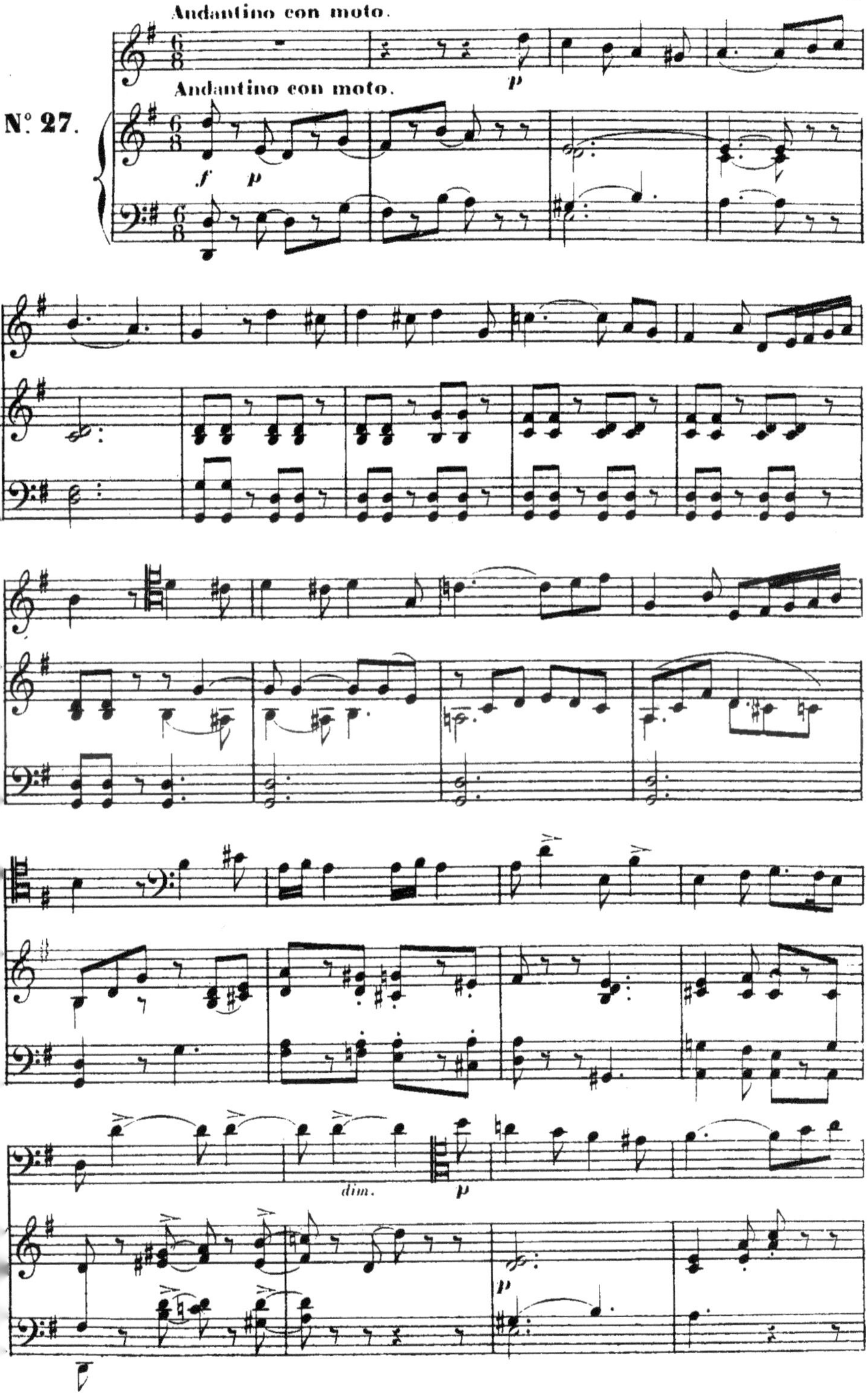
Andantino con moto.
Andantino con moto.
Nº 27.
f
p
p
dim.
p
p

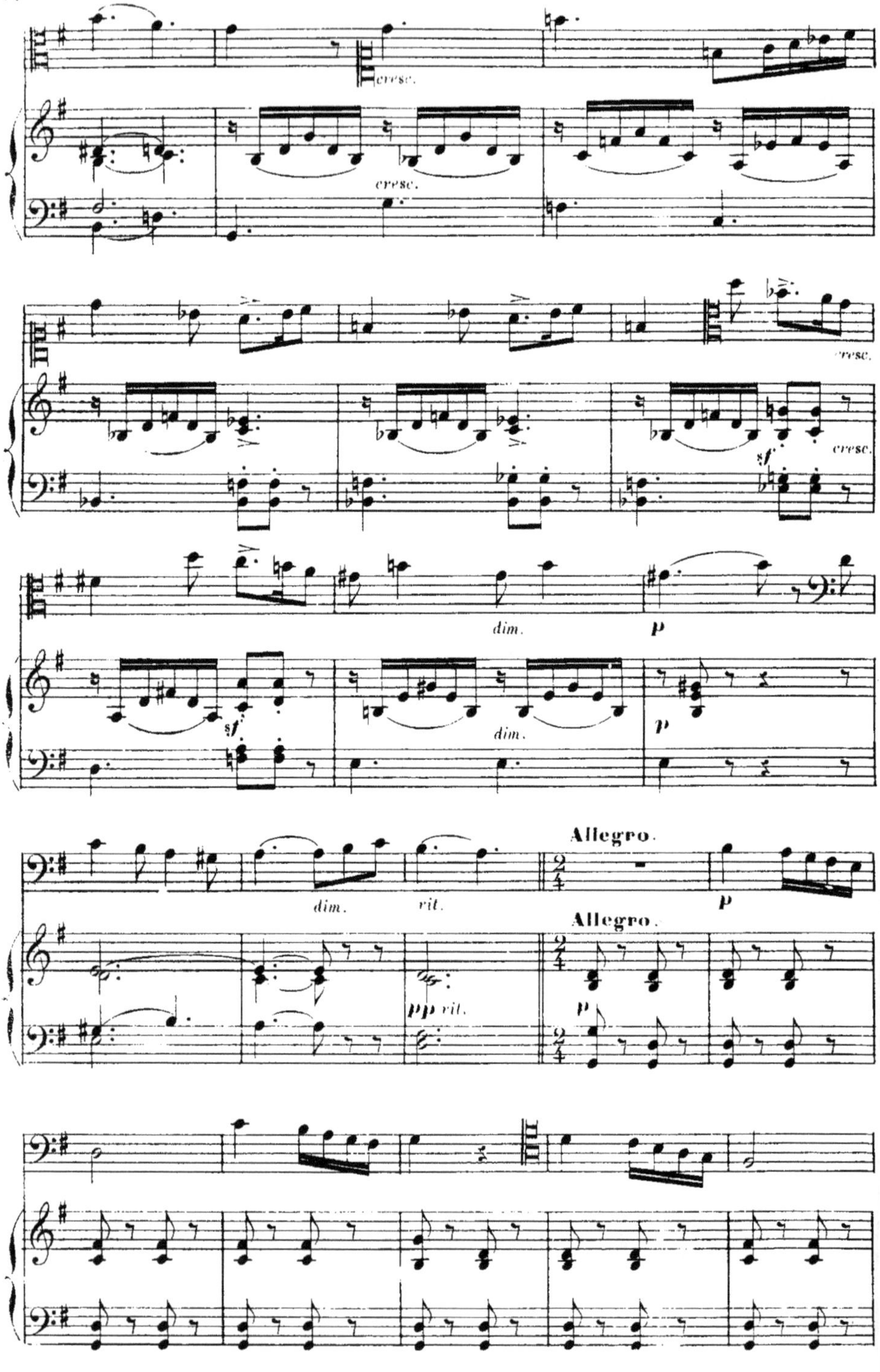

cresc.

cresc.

cresc.

cresc.

sf

dim.

dim.

p

p

sf

dim.

rit.

pp rit.

Allegro.

Allegro.

p

p

cresc.
cresc.
sempre cresc.
sempre cresc.
f
f
f
f

Nº 28.

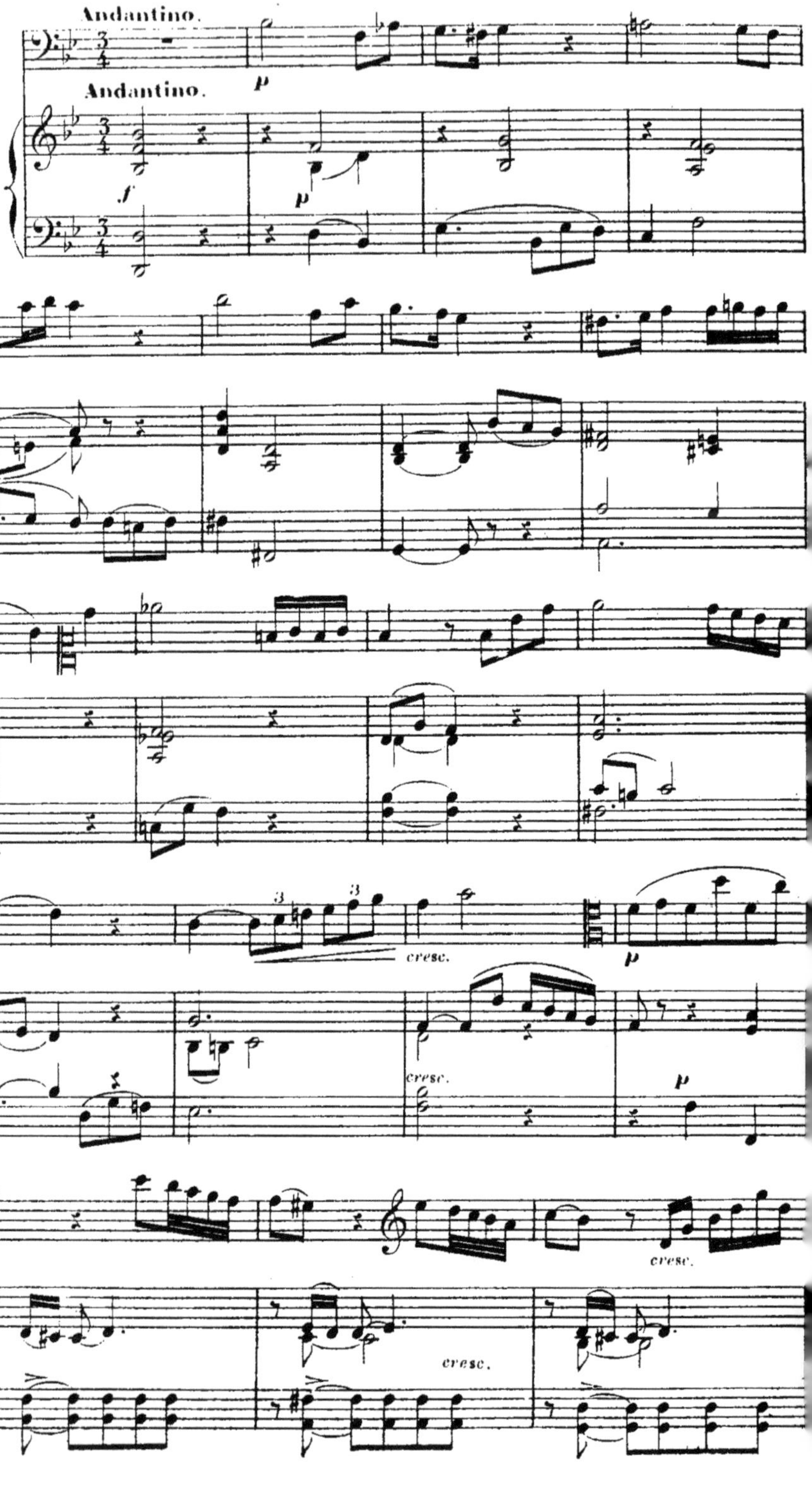
Andantino.
Andantino.
cresc.
cresc.
cresc.
cresc.

f
dim.
f
f
p
p
p
f
p
dim.
p
pp

Andantino.
Andantino.
N° 29.
p
p

a Tempo.
poco riten.
cresc.
f
a Tempo.
f p
p
sf p
cresc.
f
p
dim.
pp
Ped.

And^te con moto.
N° 30.
And^te con moto.
p
p
p
p
p
p
All° moderato.
All° moderato.
f
f
dim.
dim.
p
p

sf
p
pp
pp
cresc.
cresc.
f
f
f
f

Allegretto.
Allegretto.
Nº 31.
p
cresc.
sf
cresc.
sf p

plus largement.
p
Tempo I°
f
plus largement.
Tempo I°
p
f
ri - te - nu - to
p
f
p
dim.
ri - te - nu - to
pp
Allegretto.
f
Allegretto.
N° 32.
fff
p
cresc.
f
f
fff
f
p
cresc.
f

p
cresc.
p
f
f
dim.
dim.
p
p
p
p
p

f
p
f
p
f
f
f
f
dim.
dim.
cédez un peu.
p
cédez un peu.
p
rit.
dim.
pp
ff

Allegretto.
Allegretto.
N° 33
mf
f
p
p
p
dim.
sf
p
cresc.
cresc.

f
sf
p
p
cresc.
cresc.
f
f
p
pp
sf
sf
cresc.
cresc.
p
p

dim.
dim.
dim.
pp
Ped.
Andantino.
f
dim
p
Andantino.
Nº 34.
f
And.no con moto.
f
dim.
rit.
p
And.no con moto.
p
cresc.
dim.

p
cresc.
sf
p
dim.
cresc.
cresc.
f
f
p

f
p
rit.
rit.
a Tempo.
p
dim.
pp
smorzando.
Ped.

Allegro moderato.
Allegro moderato.
No. 35.
f
p
dim.
p
cresc.
f
f
f
p
f
p
p

3
3
sf
p

cresc.
f
cresc.
f
f
f
f
f
dim.
p
p
p
p
rit.
pp
rit.
pp
a Tempo.
a Tempo.

Andantino.
Andantino
Nº 36.
cresc.
cresc.

f f p f p sf sf

dim. dim. p p p

a Tempo.

rit. dim. rit. p a Tempo.

dim.

dim. dim. p smorzando. pp

Allº moderato.
Nº 37.
Allº moderato.
p
p
sf
p
p
cresc.
dim.
p
cresc.
f
p
f
p
f
f
p
3
3
3

dim.
f
p
cresc.
p
cresc.
f
p
p
dim.
rit.
pp
dim.
pp

All.tto moderato.
N.o 38.
All.tto moderato.

cresc.
sf cresc.
sf
sf
sf
dim.
p
dim.
p
p
f
p
cresc.

cresc.
sf
cresc.
sf
f
dim.
p
f
p
ri - te - nu -
p
pp
pp ri - te - nu - to.
to.
Tempo 1º
Tempo 1º
pp

Moderato.
Moderato.
Nº 39.
cresc.

p
p
cresc.
cresc.
dim
sf
p
p
cresc.
cresc.
f
f

rit.
rit.
All? moderato.
All? moderato.
Nº 40.

f
dim.
p
cresc.
p
cresc.
dim.
dim.
p
p
Allegro.
dim.
p
Allegro.
p

cresc.
cresc.
dim.
p
p
p
p
dim.
pp
pp

All? moderato.
All? moderato.
N? 41.
cresc.

p
f
dim.
pp
riten.
a Tempo risoluto.
cresc.
ff

Allegretto.
Nº 42.
Allegretto.
f
dim
p
sf
f
p
cresc.
f

dim.
p
p
dim.
f
f
sf
sf
sf
sf
f
dim.
p
p
dim.
dim.
pp
Ped.

Andno con moto.
Andno con moto.
No. 43.

cresc.
sf
sf
sf
pp
pp
cresc.
f
f
cresc.
f
ff
dim.
p
p
poco rit.
p
a Tempo.
dim.
pp
rit.
p
dim.
pp
Ped.
*

Moderato.

Nº 44.

dim.
p
f
f
f
f
p
p
cresc.
cresc.
f
f
f
f
ff
ff

All° moderato.
All° moderato.
N° 45.
p
p
cresc.
f
cresc.
f
f
p
p
cresc.
cresc.

f
f
p
dim.
p
p
p
dim
poco rit.
dim.
pp
poco rit.
ppp

Moderato.
Moderato.
Nº 46.
p
p
cresc.
cresc
sf
sf
p
p

cresc.
cresc.
f
p
f
p
p
p
pp
p
f
pp
f

Moderato.
Moderato.
Nº 47.

Un peu retenu.
Un peu retenu.
dim.
p
dim.
p
p
dim.
pp
ff
risoluto
p
dim.
pp
f
ff

And^no. con moto.
And^no. con moto.
Nº 48.
sfp
f
dim
p
sf
dim.

cresc.
cresc.
sf
f
f
p
f
p
sf
sf
sf
sf

cresc.
cresc.
cresc.

All.tto moderato.
All.tto moderato.
N.o 49.
f
p
sf
cresc.

f
sf
f
p
cresc.
f
f
f
p
cresc.
cresc.
p
p
f
cresc.
f
ff

All? vivo.
All? vivo.
N? 50.

cresc.

f

cresc.

f

f

sf

p

dim.

dim.

Andante, lent.

p

pp viten. - - - - - - -

Andante, lent.

suivez.

pp

p
sf
p
pp
pp
viten.
suivez.
p
pp
Ped.
All? moderato.
p
All? moderato.
p
poco cresc.
cresc.
f
dim. e riten.
f
suivez.

a Tempo.
p
a Tempo.
p
p
p
dim.
p

cresc.
cresc.
All° vivo.
All° vivo.
mf
cresc.
f
p
p
cresc.
cresc.
f
f p
ff
f
ff

N° 51.
And^te sostenuto.
And^te sostenuto.
p
f
mf
rit.
dim.
pp
Ped.
All^o moderato.
All^o moderato.
dim.
bien rythmé.
cresc.

p
p
cresc.
f
f
mf
f
p
p
sf

p
dim.
p
f
f
cresc.
f
poco riten.
p
p
a Tempo.
p
a Tempo.
vit.
p
cresc.
cresc.
dim.
p
cresc.
cresc.
f
dim.
p

cresc.
cresc.
Facilité.

And^te con moto.
N° 52.
f
dim.
ad lib.
p
viten.
pp
sf

dim.
p
cresc.
f
dim.
p
cresc.
p
cresc.

sf
sf
p
cresc.
sf
sf
p
p
p
dim.
dim.
pp
pp
pp

sf
sf
sf
f
f
p
pp
riten.
All° moderato.
p
All° moderato.
p

cresc.
f
p
sf
f
p
sf
cresc.
f
p
f
p
dim.
dim.
smorz.
pp
pp
pp

All° moderato.
All° moderato.
N° 53.

dim.
p
sf
dim.
p
f
sf p
riten.
And.te sostenuto.
p
And.te sostenuto.
p
pp
pp
riten.
suivez.
All.o moderato.
p
All.o moderato.
p

sf
cresc.
cresc.
f
f
p
cresc.
cresc.
sf
f
f
sf
sf
ff

All.° moderato.
All.° moderato.
N.° 54.
f
f
f
f
fp
p
cresc.
cresc.
f
f
p

dim.
rit.
p
And.te sostenuto.
dolce.
And.te sostenuto.
dim.
pp
p
sf
p
3
dim.
rit.
pp
pp
p
dim.
pp
suivez.

Moderato.
Moderato.
cresc.
cresc.
dim.
cresc.

p
p
cresc.
cresc.
f
f
f
p
f
dim.
pp
f
ff

And^no con moto.
f
And^no con moto.
N° 55.
f
f
p
rit. a Tempo.
dim.
p
sf
a Tempo.
dim.
suivez.
pp
sf
p
sf
sf
p
cresc.

sf
sf
f
dim.
sf p
sf p
dim.
p
p
cresc.
p

dim.
p
risoluto.
f
f
dim.
p
rit.
Allegretto.
suivez.
f
dim.
f
p
dim.
p

All? con moto.
p
All? con moto.
p
sf
sf
sf
p
sf
p
sf
p

cresc.
f
f
f
p
p
cresc.
cresc.
f
f
p
cresc.
f
f
ff

Allegro.

Allegro.

Nº 56.

p

f

p

rit.

dim.

a Tempo.

suivez.

rit.

dim.

a Tempo.

p

a Tempo.

p

p
cresc.
cresc.
dim.
f
p
p
cresc.
cresc.
dim.
dim.

cresc.
cresc.
f
ff
f
ff
f
Andte sostenuto.
p
Andte sostenuto.
p
pp
sf

cresc.
cresc.
sf
mf
dim.
p
dim.
pp
pp
pp
rit.
pp
Ped.

All? vivo.
p
All? vivo.
p
sf
p
cresc.
f
p
cresc.
f
p
cresc.
f
cresc.
f

cresc.
cresc.
cresc.

Allegro.
Allegro.
Nº. 57.

sf
dim. e rit.
rit.
And.te sostenuto.
And.te sostenuto.
p
p
cresc.
cresc.
sf
dim.
p

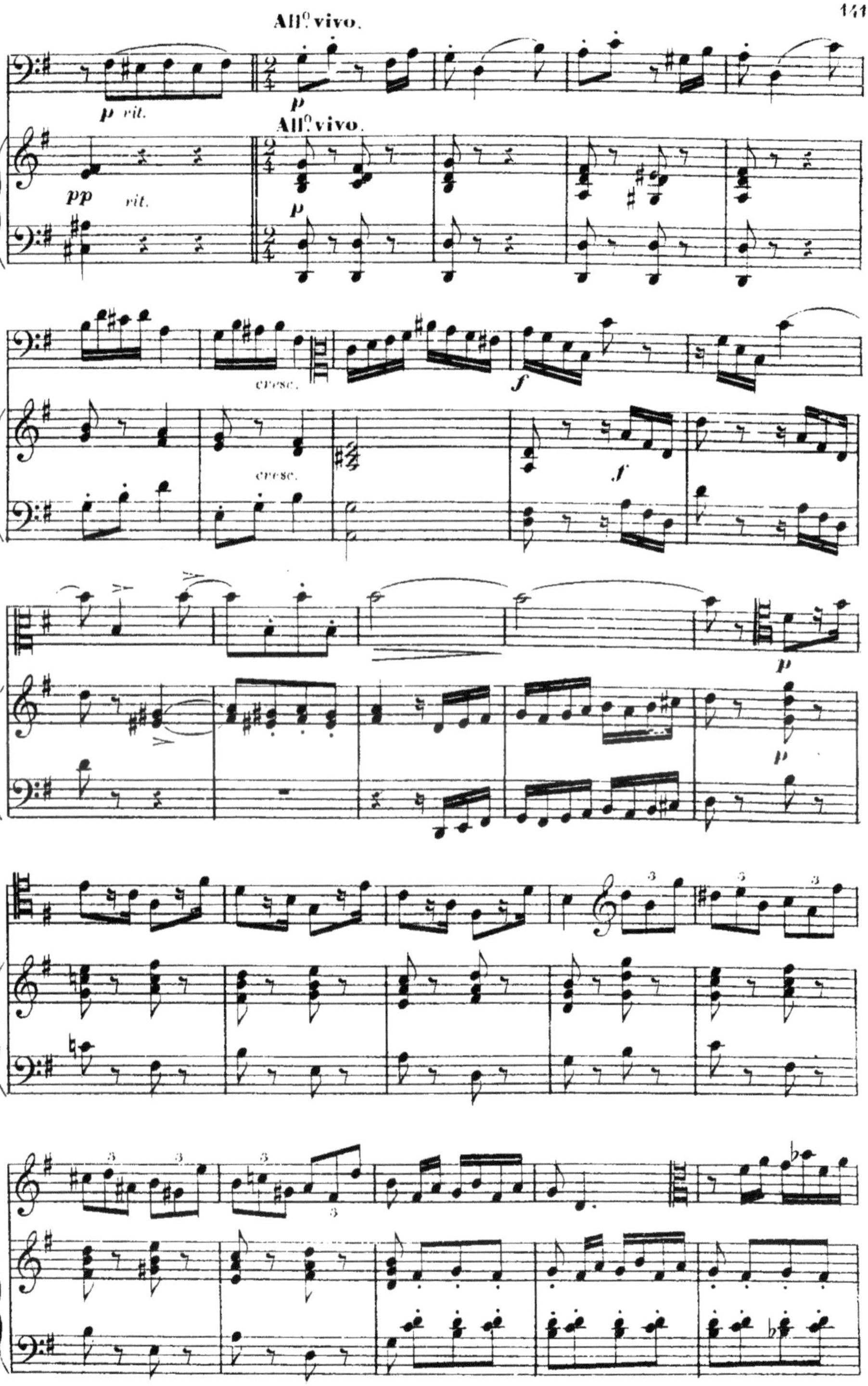
All.o vivo.
p rit.
p
All.o vivo.
pp rit.
p
cresc.
cresc.
f
f
p
p

sf sf cresc.

cresc. f f p

sf dim. cresc. f f dim.

p p cresc. cresc.

rit. sf dim. e rit. p sf

Più animato.
Più animato.
dim.
dim.

Nº 58.

f
p
f
riten.
dim.
And.te sostenuto.
p
And.te sostenuto.
dim.
p
riten.
pp
poco
poco
cresc.
cresc.
sf
p

p
dim.
pp
Allegro.
pp
Allegro.
p
p
Ped.
*
p

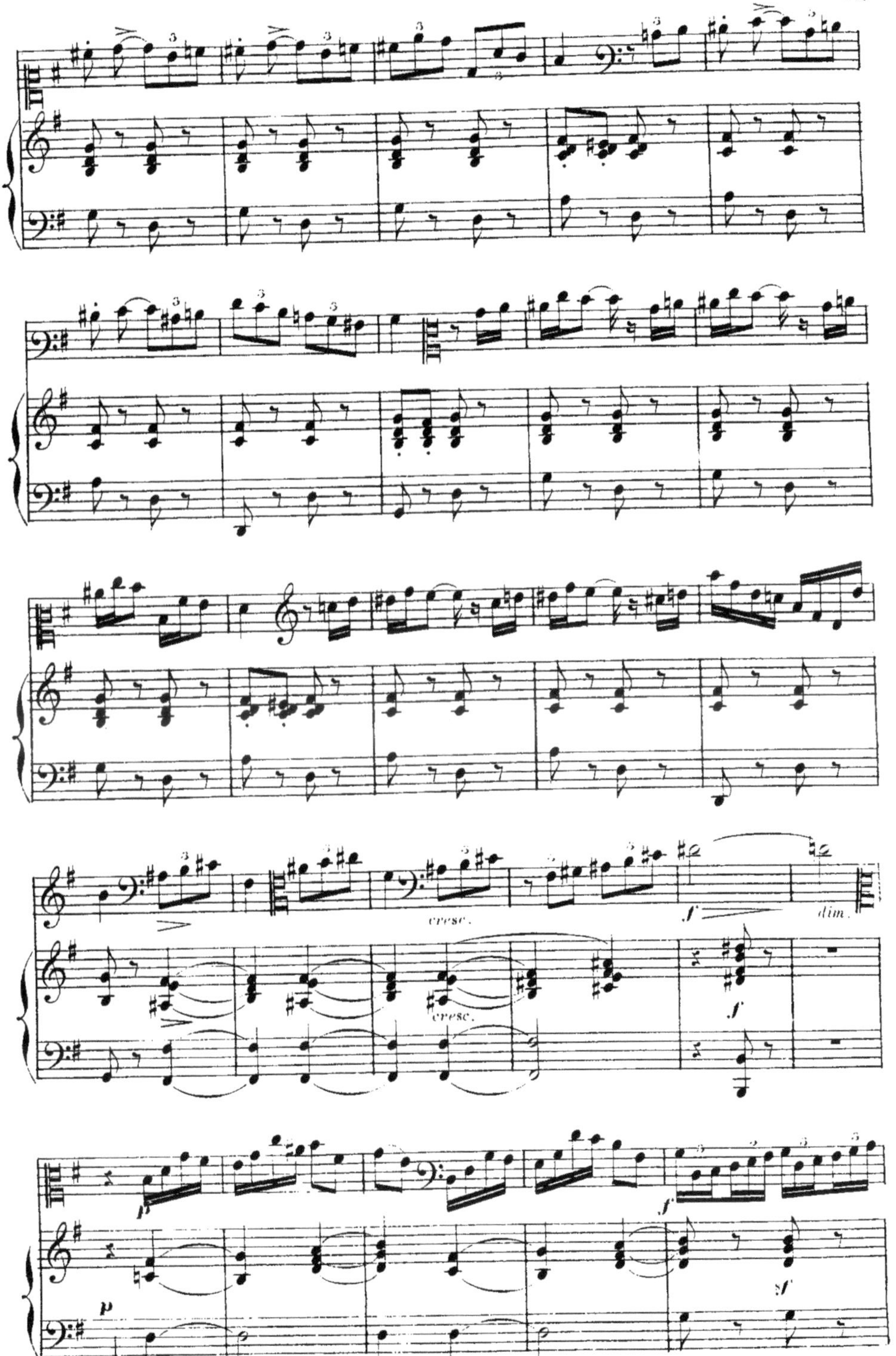
cresc.
f
dim.
cresc.
f
p
p
f
sf

p
cresc.
f
p
f
cresc.
ff
8

Nº 59.

And^te très soutenu.
à volonté.
And^te très soutenu.
dim.
All^o mod^to
All^o mod^to

sf
p
cresc.

f
sf
cresc.
cresc.
ff
ff
Andte sostenuto.
à volonté.
f
Andte sostenuto.
8

H

f
p
f
sf
p
p
f
f
f
p
sf
ff
ff

IMPRIMERIE CHAIX, RUE BERGÈRE, 20, PARIS. — 8006-4-97. — (Encre Lorilleux).

www.ingramcontent.com/pod-product-compliance
Ingram Content Group UK Ltd.
Pitfield, Milton Keynes, MK11 3LW, UK
UKHW021825190726
13853UKWH00003B/1199

9 782329 587462